Nora Bossong · Reglose Jagd

Lyrik Edition · Neue Ausgabe

Herausgegeben von Heinz Kattner

Nora Bossong

Reglose Jagd

Gedichte

zuKlampen!
EDITION POSTSKRIPTUM

Kortex

Es war nicht dieser Fuchs
auf Nahrungssuche, den wir verfolgten
vor einer Medizinerfakultät,
entlang der Streifenspur auf dem Asphalt.
Vor einer Kneipe blieb er stehen,
als wäre er ein Hund und wollte
sein Revier markieren, die Beine
zitterten im Vierertakt und drinnen
klapperte ein Flipper. Es war nicht
diese Art von Kneipen, in der wir
Aschenbecher stahlen, ein Taxi
hielt zu dicht am Bordstein, besetzt,
sonst hätten wir den Fuchs hineingelockt
mit einem Lederhandschuh.
Und doch, ein Haar blieb hängen
und auf dem Rückweg sahen wir
in jener Fakultät zwei Männer,
Skalpelle waschend und im Gebüsch
ein Katzenjunges schlafen
mit Bissen an der Kehle.

Ganymed

Wir ziehen nur so vor uns hin und träumen noch
von etwas andrem. Aus einem rosa Taxi steigt
die schönste Frau, und niemand von uns
traut sich, sie zu stehlen. Ihr Absatz glänzt
im Flutlicht der Kapelle und neben ihren Zehen liegt
ein Vögelchen mit aufgeplatztem Schädel.
Sie wendet ihren Kopf, ein Lachen,
das betrunken macht, wir nennen sie
nach allen Seitenstraßen, die sie betritt
hat keine Namen. Wir gehen ihr nicht nach,
es ist bald nicht mehr Nacht.
Wir ziehen nur so vor uns hin
und mitten unter unsern Körpern sitzt,
in dieser Stadt sitzt irgendwo
die Zukunft, die mit Federn spielt.

Rattenfänger

Zwei Jungen traf ich
unterm Brückenbogen nachts,
die pinkelten den Pfosten an und
sagten, dass sie sieben seien,
sagten, dass sie Läuse hätten.
Sie lachten über mich, als ich
es glauben wollte. Nichts zu holen
außer Läuse, verriet der Kleinere.
Er zeigte aufs Gebüsch und trat
mir auf den Spann. Ich hätt mich gern
in ihn verliebt, so billig war
in jener Nacht sonst nichts mehr
zu erleben. Der Große fragte, ob es stimmt,
dass auch das Tier allein
nicht sterben kann. Es war
zu spät für Jungen unter dieser Brücke.

Hinterhof

Am Fenster jene Frau, die seit drei Jahren
mit gepackten Kisten lebt, späht in den Hof,
ob dort nicht grad der Umzugswagen einfährt.
Nur Plastiktonnen und die Vorkriegsbirken
erster Mieter. Zwischen Unkraut kopulieren Katzen.
Im kurzen Mittag, da bis ins Gras die Sonne reicht,
streunen die Hauswartsschritte, verloren wie das Altpapier,
das aus den Hauseingängen weht und mit der Spitze
eines Taschentuchs wischt er die namenlosen Klingelschilder.
Die Sonne wechselt über auf die andre Fensterfront.
Kinderstimmen in der Häuserschneise, doch niemand
ist zu sehen, als ob Septemberluft allein schon klänge.
Eine Stufe knarrt, ein Katzenjunges hinkt hervor. Bald
bleibt auch die Kellertreppe wieder still. Was
ist es dann gewesen? Nur Sommer.

Marzipanblätter

Nackt gegen die Fensterfront gelehnt,
weiß ich von den Damen unter mir,
die Marzipanblätter von ihren Torten heben.
Sie streichen von Zetteln die Namen
berühmter Kaffeehaus-Städte, sie sind so alt
wie die Legende von der Sachertorte.
Klar und klebrig muss ihre Sicht
durch Gelatine gleiten. Auf der Straße
jaulen Hunde. Zu Pfingsten noch
war auf meiner Scheibe der Abdruck
eines Flügelpaars.

Kelchüber

Das Mädchen am Museumsausgang
verteilt an Rentnergruppen Rosen in rosa
und gelb. Ihre Finger umspannen Dornen
Hecken, hundert Jahre. Die Alten tragen
die Blüten kelchüber, holpern
ihre Schritte über den Asphalt.
Gegen einen Knöchel weht ein Blatt.
Vom Ahorn schält sich Rinde.
Mittag. Das Mädchen nagt ihr Brötchen
so knisternd langsam. Es zerfällt ein Stern
im Blick eines Greisen.

Namen

Da war Wasser vielleicht, Hänge, Hänge, da war
der Moment eines Frühlings. Zierkirschen. Statuen.
Waldwege, zusammengestürzt im Märzsturm,
waren wieder begehbar, die Flächen steigend.
Kein Gebirgskamm, kein Obelisk: Ein Stein
mit Namen. Steigen, steigen, da war das Licht
eines Lastkahns im Abend, da waren die letzten
Passanten, auf Parkbänken hielten sie Flussschau.
Der letzte Regen im Mai, dünne Frische, hing
in den Kronen. Es verwuchs sich ein Frühling,
nicht tief, im Hang und nannte nichts.

Besprechungen

So war es bereitet: der kleinste Tisch im Raum
und um uns ein Sprechen wie von Sperlingen,
die mit uns nichts gemein hatten als einen Wunsch
nach Nahrung. Wir sprachen in einer anderen Sprache,
bilanzierten einem Vertragspartner
unser letztes Quartal. Du erzähltest
von Haftungsbeschränkung,
neuen Fusionen. Mein Name
fiel nicht. Ich hielt mich aufrecht.
Ein Klang plötzlich
ließ mich aufhorchen, die Sperlinge schwiegen
in einer anderen Sprache; das war
das Löffelschlagen gegen den Tassenrand, das war
der alte Ton und von neuem sehnte ich mich
fortzukommen. Doch wer zum Fliegen nur Arme hat,
breitet keine Flügel aus.

Träge Touristen

Auf den Fluten den Stillstand zu üben
ist mir ein Leichtes, wie leicht
bleiben die Zeiten am Ufer und die Sicht
hat kein Treiben, auch die Möwen
liegen reglos auf anderen Tagen, was heißt mir
ein Drehen des Kopfes, wenn doch nur
die See sich wendet. Wirst schon sehen
ruft der Mann hinter meinem Blick,
der zeichnet mit einer Laubharke den Sand.

Im Garten der Nichte

Seitdem wir wieder Beeren suchen,
lacht das Kind an meiner Hand,
von Mond und Mäusen redet es,
die Stimme nur ein Atemholen.
Die Zeit zählt es an Fingern ab
und Warten ist noch nicht erfunden.
Es zieht den Schwarzen Peter ungern,
es zieht ihn immer wieder, sagt das Kind
und lacht durch Himbeersaft hindurch.
Hier draußen gibt es keine Karten, die Mäuse
hört es im Gebüsch, ich solle tiefer horchen,
dann hör ich auch den Mond ruhig schlafen
aus dem die Mäuse Käse machen.
Doch mehr als Beeren finden kann ich nicht.

Webers Besuch

Nicht zurückholen will Weber,
wonach in der schlammigen Weserluft
die Kinder jagen. Aus dem Stadtdunst
brechen sie hervor: Zwillingsmöwen,
artfremd hier.
Ihre Augen vergraben im Gefieder.
Milchzähne
fallen in den Fluss, es ist im Wasser
kein Zittern zu sehen. Die Krokodile
schleppen ihre Geröllhaut
über den Strand.

Am Bootshaus

Die Drahtschnur brachte uns
ein Junge, frühmorgens
stand er bei der Tonne und schlug
mit einem Pingpongball gegen
den Deckel. Es heißt, man wünsche
keinen Fisch mehr, den Vogelnamen
haben sie vergessen, wir rufen
„Ente“ übers Wasser, es stört
den Vogel nicht, er taucht, wir
werden ihm mit Löwenzahn
den Schnabel füllen. Drei Tage,
heißt es, müsse das Gefieder
trocknen. Lass uns einstweilen
Kürbiskerne spucken.

Chitin

Es gibt auch andre Tiere, doch dieses,
die Beinchen angezogen, liegt so harmlos
im Schacht des Feuerzeugs, es hat
den besten Platz gefunden
für den Winterschlaf.
Nicht einmal zittert es, als ich
den Feuerstein dreh.
Das Gas noch kaum verbraucht.
Die Augen starr, die Augen nur Chitin.
Dies eingeschachtelte Insekt,
dort hinterlegt, wo ich schon nicht mehr
an dergleichen glaubte. Mir scheint jetzt,
sein Kopf ist ein Stückchen herausgekrochen.

Ziegenmelker

Durch die Straßen liefen Hunde, beizeiten
wünschte man sich Ziegen herbei, dreimal auch
suchten wir schwarze Katzen, zumindest
das Kopfsteinpflaster wäre Gebirgsersatz.
Wir horchten auf Hufschläge hinter den Fenstern,
da flogen die Nachtschwalben tief und
Ziegenmelker nannte sie einer. Es roch
wie das Haar in der Suppe, als die Ziegen
die Stadt einnahmen. Sie fraßen Blätter, Federn,
Hundeknochen. Es war Herbst, da sich die Ziegen
vor unseren Häusern paarten. Und die Katzen
vergessen und die Nachtschwalben tief. Es war
nur Volksglaube, dass jene Vögel
sich an Ziegenzitzen säugten. Das Zaubern
nur ein schlechter Scherz, und die Welt
war den Ziegen im Bauch geplatzt.
Sie gaben noch Milch drei Tage,
dann waren sie tot.

Geweihe

Das Spiel ist abgebrochen. Wie sollen wir
jetzt noch an Märchen glauben? Die Äste
splittern nachts nicht mehr, kein Wild,
das durch die Wälder zieht und das Gewitter
löst sich in Fliegenschwärmen auf. Gleichwohl,
es bleibt dabei: Das Jucken unter unsern Füßen
ist kein Tannenrest, kein Nesselblatt, wir folgen noch
dem Dreierschritt, den sieben Bergen und auch
dem Rehkitz Brüderchen und seiner Liebsten.
Erzähl mir die Geweihe an die Wand, erzähl mir
Nadeln in die Fliegen. Im rechten Moment
vergaßen wir zu stolpern.
Schneewittchen schläft.

Kuhlen

Im Hof das Pfotenrelief von einer Katze,
sie trug in ihrem Inneren Junge sowie auch
Nagerreste, die sie, verwollt und farblos,
ausschied, jenseits der Spur, des einen
Schritts. Für uns nicht abzuschätzen,
ob zögerlich oder im Sprung die Tatzen
sich in diesen Sandstein setzten und wo
die andern Schritte Boden trafen. Wir
drehen nur die Fingerkuppen in den
angeblich hundert Jahre alten Kuhlen.
Ratten unterhöhlen noch das Haus, das war's,
warum die Katze Jagen ging und bald
wird auch ihr Pfotenabdruck bröckeln.

Turmspringen

Das war die Kindheit, heißt es: Einzuschlafen,
wenn durch die Wand noch Stimmen schlugen
wie durchs Stadtbadwasser die Freischwimmerhand.
Augen zu. Die Dächer kamen ins Haus gekrochen.
Katzen leckten die Lachen, vom Schwimmer gesät.
Das war nicht aus Märchen, nicht aus Märchenfilmen
und keine Vögel, kein Brot, dennoch verschwand
die Schwimmerspur, nur Katzenspeichel zertraten
die Fassaden. Als die Gebäude ins Zimmer einzogen,
die Stimmen den Speichel aufgaben, lag der Schwimmer
unterhalb einer Laterne, trocknete, lag das Kind im Bett
und spielte tot. Augen zu. Die Eltern schliefen.

Hinter den Bergen

Hinter den Bergen
sang mein Vater
vom sterbenden Schwan,
von der klappernden Mühle,
sang auch das Grubenlied.
Er hatte auf der Zunge
den Atem des Säufers,
sein Wimpernschlag klirrte
wie ein Schnapsglas auf Stein.
Und die Grube sein Mund
und die Mühle klapperte
an seinem Kehlkopf
und der Schwan starb ihm
schon in den Lungen.
Er hat gern gesungen, mein Vater.
Seine Stimme klang weit übers Land.

Im Gegenflug Libellen

Einmal einen Garten
mit Brunnenkresse, Hageldorn,
Eiskraut, Jakobsschnee und Flachs.
Feuermohn, sagt meine Mutter.
Einmal einen Garten.
Doch Mutter sagt,
Hundsmilch, Faulbaum, Binsenlaub,
sagt Kampferasche, Liebesknochen.
Mutter ist zu weit gereist.

Dörrpflaumen

Ich trockne Pflaumen auf der Heizung,
schenke sie meiner Großmutter zum Todestag
ihres Mannes. Sie freut sich. Mein Großvater
brachte mir das Schwimmen bei und ertrank
in der Badewanne, während meine Großmutter
Brötchen kaufte. Das Wasser ließ sie
erst nach drei Tagen ab und rieb
die Wanne mit Salz aus.
Jetzt sitzt sie täglich in der Küche
und isst meine Pflaumen
und ihre Verdauung, sagt sie,
ist wieder so gut wie früher.

Fliegender Sommer

Auch Brennstoff, sagst du,
auch Kohle. In den periphären
Gruben nisten Bienen, Wiesel,
Springkrautkapseln und ausgesetzte
Bachforellen krümmen sich in Pfützen.
Wir liegen auf der Pirsch
in Sonnenflecken, abgewendet
von der Stadt. Die Bienen
sind zu kleine Ziele. An der Hand
Insektenstiche und im Genick
die Hitze. Auch Brennstoff, sagst du.
In den fliegenden Sommer
sprießt Reisig.

Seitenstreifen

An der letzten Brücke vor der Ausfahrt,
dort haben wir uns nie getraut,
mit Kieseln nach den Kabrios zu werfen.
Im Zaun war eine Tür, dort kamen wir
von unserm Grundstück auf den Wiesenrand,
brüchig, braun, wie Schorf
jenes Motorenlärms. Ein Nachmittag,
so grundlos leer, war hier gestellt
an einen Seitenstreifen. Halbstündig
sahen wird auf jener Brücke
das neuste Zugmodell, ein weißer Schweif,
der zwischen Baumreihen verschwand.
Die Shelltankstelle roch so herrlich
nach Benzin und drinnen gab es
jenes Eis zu kaufen, das wir uns
an die Wangen strichen. Das war,
als wir noch Züge Sensationen nannten.
So schlecht war's nicht und an den Bäumen
wuchsen Birnen.

Schaum

Unter der Werbung eines Vorstadtkinos
sehe ich auf Mäuler ausrangierter Züge,
nicht mehr bereit, nach Fang zu schnappen.
Noch vor dem ersten Herbstlaub weht
die Seite eines Supermarktprospekts
über die Schienen. Im Angebot
ein originalverpacktes Kissen: Schaumstoff,
frühlingsgrün. Ich bin ganz leis', als ich
hinuntersteige zu den Gleisen. Still, Gegend,
still jetzt: Drüben auf dem Parkplatz räkelt sich
ein Junge im Metallschoß eines Einkaufswagens.

Auszug

Am letzten Tag drehte ich das Gas ab.
Ich aß nur noch kalten Truthahn,
zerbrach die Brustbeine, die Zwillenform,
mit beiden Händen, das bringe Glück,
schloss meine Augen
und hörte nur noch das Knacken
der ausgekühlten Knochen,
die, so dünn und porös,
nichts hätten schützen können
und auch kein Herz
eines kalten Truthahns,
ausgebacken vor Tagen.

Gegend

Niemand, der ihn hierher brachte:
Stiller noch als Märchenkinder
schaut der Junge in den Schatten
des letzten Bunkers. Der Wald dahinter
ohne Hexenhaus, der Junge streut Olivenkerne aus.
Nicht mehr die Vogel- oder Schlangenreliefs,
es züngeln im Gestein zerschnittne Drähte,
und auf der Haut des Jungen glänzt
ein feuchter Flaum. Niemand, der sich traut
ihn anzusprechen, so versunken, Kern um Kern,
spielt der Junge, der letzte dieser Gegend.

Nach dem Auszug

Sind jenes unsere Steinbruchkinder,
die in den nackten Gruben hocken,
mit Fäusten nur aus Kalk und Grus,
und im Gebiss sitzt ihnen los
ein Kiesel, maulbeerfarbig,
gegen den die Zungenspitze stößt,
sobald am Rand des stillgelegten Kraters
sich etwas regt, gezierter Wieselkopf,
zerknickte Pappel, vielleicht bloß
zittert so die Luft, nicht festzustellen,
wer gefächert hat, es staubt ein Finger
nach dem andern aus der Hand, so leicht
und grußlos ziehen sie, allmählich
und zurück in ihre Stadt.

Außerhalb

Schnell wirbeln Lichter, als rotierten um uns
Sonnen. Zurückgekrümmt in meinen Sitz, leg ich
das Ohr ans Fensterglas: kein Umland hörbar.
Und links und rechts die Stadt: nur grelle Flecken.
Macht es was aus, frag ich, dass draußen alles
hypothetisch bleibt? Du lässt
die Scheibenwischer vor uns zucken.
Doch keiner von uns wagt, den andern anzusehen,
das Zeitgefühl verschwimmt in Kilometern
und während eine monotone Stimme
ein Wetter ansagt, das uns nicht betrifft,
fragst du, ob man wohl menschlich bleibt,
so mitten auf der Fahrbahn, außerhalb von allem?

Heute Nebel

Augenscheinlich liegt es
nicht an ihr, sondern an der Wetterlage,
dieses Verschwimmen jeder Straßenecke
und dass die Menschen nur noch
Schemen sind. Die Tiere in den Büschen
kalt und kalt hat sie zu Abend gegessen.
Die Bänke, Plastiktonnen und der Park,
auch tausendmal schon totgesagt,
geht es sie nichts an.
Als letztes jenes Kribbeln
einer eingeklemmten Vene.
Sie dachte einmal, man stürbe daran.

Dezemberreise

Im Schnee das Glitzern fremder Städte, doch
meine Schritte sind gedämpft, die Straße stillgelegt,
ich weiß nicht, wie ich hier fortkommen soll.
Die Fenster sind so matt erleuchtet, dass ich
mir nichts dahinter denken kann,
als Einziges strahlt an der Straßenecke
ein Kneipenschild, Sternburg Export.
Von weitem hör ich eine Eisschicht brechen,
ich dreh mich um, an einen Jägerzaun
sind trockne Tannenzweige festgesteckt und
auf dem Bordsteig bei der Ampel liegt
ein Streichholzschächtelchen. Es ist ganz still,
eine Schimäre nur, dass ich hier bin.

Schlaflied

Wir hören das Pochen der Heizung,
der Sarg steht vorne im Saal,
wir knien uns nieder, aber können
die Blumen nicht riechen, die Kränze,
die Bänder, die Mutter singt leise
ein Schlaflied und schaukelt
vor schaukelt die Mutter
zum Vater, zu den Bändern,
zur Ruhe in Frieden, sie singt
ein Schlaflied, Kindlein Schlaf,
die Augen zu müde zum Warten,
die Nacht nur gelegen und Morgen
früh, wenn Gott will, die Stimme
der Mutter, da war der Vater nicht tot,
er deckte mich zu vor dem Schlafen,
die Mutter singt, was sie jetzt singt,
mit Rosen bedeckt, die Narzissen
zu gelb für den Winter.

Sandmann

Und drüben das Zyklopenrelief
mit einer Mütze wie vom Sandmann.
Was mich verstört: Der Tag
fängt wie der Abend an, die Stimmen
sind gedämpft, die Blicke abgeleitet,
als spürte man auf Gehwegplatten
den Nächten der Passanten nach.
Und über dem Zyklopenauge nisten Stare.

Von einem

Seine Straßen aus Weißblech
um die hellste Kreuzung der Stadt.
Aus Halbschatten und Vaters Matrosenanzug
hat er sich ein Mädchen gebastelt.
Er singt für sie die Laternen entlang.
Rispenmehl in den Tonnen,
Obstschalen, Dohlenlaub.
Reste seiner Straßen in den Fenstern.
Vom Zinnsoldaten singt er ihr.
Aus einer Häuserschneise Wind.
Er singt und die Laterne schwankt,
dass ihm die Liebste zerfalle im Arm.
Aber sie heißt Marie.

Er sagt

Das Fallobst sammelt mir mein Liebster
tags und noch bevor es fällt.
Er bringt mir Äpfel mit
und wischt zwei Tassen aus.
Es wiegt so wenig in der Hand,
es fühlt sich schon zerbrochen an,
das Porzellan von seiner Oma.
Die Tassen seien Mitgift
seine Oma früh verstorben.
Wie bei Schneewittchen sei
ihr Sarg aus Glas gewesen
und ihre Haut aus Porzellan.
Er sagt mir, China liegt in Meißen
und der Apfelbaum steht hinterm Haus.

Talg

Auch das Kranwasser
dreht sie kalt im Dezember.
Wärme ließe im Winter
die Äderchen platzen.
Keine bessere Zeit,
es zu sparen, sagt sie.
Ihre Handrücken knittrig.
Neben dem Becken Talglichter,
die zündet sie nicht an.
Der Winter sei das kalte Kranwasser,
sagt sie. Der rote Januar,
wenn die Klempner die Rohre entrosten.

Besuch

Die alte Frau sitzt tagelang am Fenster
und hält ein Taschentuch, zu träg,
hinaus in eine Welt zu winken,
die sie nicht mehr betritt. Das Draußen
ist ein Fernsehbild. Wie es mir glückt,
von dort ihr Zimmer zu betreten,
bleibt ihr ein Rätsel,
sie fragt mich nicht danach,
sagt nur: Es gibt so vieles
das ich nicht versteh,
ach Mädchen, weißt,
die Klügste bin ich eben nicht.
Und hinter ihrem Schatten klafft
die Wohnung,
die zu große Schale einer Muschel, vergraben
in dem Zeitschlick, der nicht mehr zur Stadt gehört.
Es begann damit, dass sie verzwergte
Jahr um Jahr, nicht mehr zu finden
ihr mondäner Gang, ihr Blinzeln,
als brenne ihr verrauchte Luft
eines Kasinos in den Augen.
Vielleicht, sagt sie und irgendwann
und will nicht weg von ihrem Fenster,
sie ist so dünn geworden,
dass sie keinen Tag mehr spürt.
Ach Mädchen, sagt sie,
weißt, wir ham ja Zeit

Sirup

Wie sie ihren Finger spreizt
vom Mokkalöffel, meine Sudetenoma.
Ihr Haar im Schwarz
vertrockneter Rüben.
Draußen der Abdruck
ihrer Hände im Wind,
durch den werfen Kinder
Kastanien. Den Kartoffeln
hat sie nie getraut und gekauert
nur im Qualm der Stippsbrennerei.
Wie manchen der Buckel
den Rücken hoch wächst,
wächst er ihr in die Locken.
Dieses Auseinanderfallen jeden Abend,
nackt vor den Gardinen ist ihre Haut
nur ein Riss im Stoff.

Reglose Jagd

Die Ställe hangabwärts, es heißt, den Hasen
habe ein Marder geholt, ein Fuchs, niemand
ist sicher, man lebt hier selten
des Nachts. Das Haus zu groß
für ein Haus, die Menschen zu reich,
nicht aus meiner Zeit. Dennoch gehen wir
auf die Jagd gemeinsam, durch die verwachsenen
Ränder des Familienerbes, kein Tier
knackt das Unterholz, kein Kadaver
legt seinen Geruch wie ein spukender Ahne
an die Grenze des Grundstücks. Ich glaube, alles
hält die Terrasse verborgen, niemand
folgt mir nach, wie sollten sie auch, meine Tage
liegen anderswo. Nur die Seeadler auf den Pfosten
lassen mich nicht aus dem Blick, ich fühle
ihre gefeilten Augen mir in den Nacken starren,
bis ich stürze, doch das ist unwesentlich, nur
eine kurzfristige Veränderung des alten Gebäudes.

Blaupausen

Wie alles hier nach den Matrizen riecht,
ein Vogelflug reißt seine Spur in unsern Blick,
ein Sperling, sagst du, zeichnest mit dem Finger
die Linien jenes Schattenrisses nach, den wir uns
früher aus dem Kinderbuch abpausten
und während deine Hand noch vor dem Fenster
ein Ende der Bewegung sucht, den stummen
Vogeltod, beug ich mich tief, dein Knie
hat einen erdigen Geruch, ein Sommertag fällt schräg
aus dem Erinnern und deine Hand in meinem Haar
drückt meinen Kopf zu tief in einen Tümpel, wie lang
hältst du mich aus, hast du gefragt, wie lange braucht's,
bis jemand nichts mehr sagt, dein Blick hält meinen
Schattenriss, wie alles nur Kopien, körperwarm.

Standort

Wir leben in einer Stadt ohne Fluss, es gibt
Grenzen hier nur aus Wind
oder Regenschauern. Meine Schwester
ängstigt das nachts, doch es lässt sich
in unserem Haus nicht weinen, vielleicht
hülfe es ihr, vielleicht brächte es sie
um den Verstand. Es ist frostig
in ihrer Stimme. Ließen sich Entfernungen
ohne Fluss beschreiben, wären zum Wenigsten
die Ahnungen haltbar: Niemand
nähert sich unserem Haus und die Eltern
haben wir lang nicht gesehen.
Doch es gibt keinen Halt, diese Stadt ist
wie ein Schneerest im März. Nur der Wind,
der den Regen in seine Form treibt,
deutet ein Ortsende an. Unser Haus bleibt
von Eis bedeckt und verschwunden.

Nora Bossong

Geboren 1982 in Bremen. Studium der Kulturwissenschaften, Philosophie und Literatur in Berlin, Leipzig und Rom.

Von ihr erschien zuletzt der Roman »Gesellschaft mit beschränkter Haftung« und der Gedichtband »Sommer vor den Mauern« (beide Hanser Verlag).

Sie wurde mehrfach ausgezeichnet, unter anderem mit dem Peter-Huchel-Preis und dem Kunstpreis Berlin der Akademie der Künste.

Inhalt

Bibliografische Information der Deutschen Bibliothek

Die Deutsche Bibliothek verzeichnet diese Publikation in der Deutschen Nationalbibliografie; detaillierte bibliografische Daten sind im Internet über ‹http://dnb.ddb.de› abrufbar.

ISBN 978-3-86674-408-0

Zweite Auflage 2021

Umschlag, Layout, Typographie
thielenVERLAGSBUERO · Hannover
(Gesetzt aus der Caxton Light und Book)

Druck: BoD – Books on Demand GmbH ·
Norderstedt

zu Klampen Verlag GbR
Röse 21
31832 Springe

Bei Fragen zur EU-Sicherheitsverordnung GPSR wenden Sie sich bitte an info@zuklampen.de.